Heinz Grundel

Handbuch für Hundeschüler

© 2012 KYNOS VERLAG Dr. Dieter Fleig GmbH
Konrad-Zuse-Straße 3, D-54552 Nerdlen/Daun
Telefon: 06592 957389-0
Telefax: 06592 957389-20
www.kynos-verlag.de

Gedruckt in Lettland

ISBN 978-3-942335-92-8

Zeichnungen und Text: Heinz Grundel

 Mit dem Kauf dieses Buches unterstützen Sie die
Kynos Stiftung Hunde helfen Menschen
www.kynos-stiftung.de

Das Werk einschließlich aller seiner Teile ist urheberrechtlich geschützt.
Jede Verwertung außerhalb der engen Grenzen des Urheberrechtsgesetzes ist ohne schriftliche Zustimmung des Verlages unzulässig und strafbar. Das gilt insbesondere für Vervielfältigungen, Übersetzungen, Mikroverfilmungen und die Einspeicherung und Verarbeitung in elektronischen Systemen.

Haftungsausschluss: Die Benutzung dieses Buches und die Umsetzung der darin enthaltenen Informationen erfolgt ausdrücklich auf eigenes Risiko. Der Verlag und auch der Autor können für etwaige Unfälle und Schäden jeder Art, die sich bei der Umsetzung von im Buch beschriebenen Vorgehensweisen ergeben, aus keinem Rechtsgrund eine Haftung übernehmen. Rechts- und Schadenersatzansprüche sind ausgeschlossen. Das Werk inklusive aller Inhalte wurde unter größter Sorgfalt erarbeitet. Dennoch können Druckfehler und Falschinformationen nicht vollständig ausgeschlossen werden. Der Verlag und auch der Autor übernehmen keine Haftung für die Aktualität, Richtigkeit und Vollständigkeit der Inhalte des Buches, ebenso nicht für Druckfehler. Es kann keine juristische Verantwortung sowie Haftung in irgendeiner Form für fehlerhafte Angaben und daraus entstandenen Folgen vom Verlag bzw. Autor übernommen werden. Für die Inhalte von den in diesem Buch abgedruckten Internetseiten sind ausschließlich die Betreiber der jeweiligen Internetseiten verantwortlich.

Inhalt

Kleine Typologie der Hundetrainer　17

Lob und Tadel　39

Alltag in der Schule　51

Was man so trägt　109

Nicht für die Schule, für das Leben lernen wir　115

Erläuterung zum Gedicht Seite 107　126

Für
Amadeus, Amy, Benji, Bisquit, Bobby, Carlo, Cooper, Daisy, Dax,
Emma, Enya, Finbar, Freddie, Frosty, Homer, Ira, Lui, Luki, Maja,
Mascha, Maxi, Merle, Mex, Minnie, Mona, Nelda, Nelly, Oskar, Pelle,
Pepper, Pünktchen, San-Cho, Smoky, Sophia, Sunny, Tequila, Toby

Wenn Ihr Hund sich unmöglich benimmt, rücksichtslos gegen Artgenossen ist ...

... unglaublich schlechte Manieren hat ...

und sich auch sonst wie ein Rüpel verhält ...

dann könnte es Zeit werden, eine Hundeschule zu besuchen.

Kleine Typologie der Hundetrainer

Der Feldwebel

Philosophie: Wer nicht brüllt, wird auch nicht ernst genommen.
Vorteil: Es funktioniert anscheinend.
Nachteil: Es macht niemandem Spaß.

Die Esoterikerin
Philosophie: Alles Nötige steht in der Sternen, dem Kaffeesatz ...
Vorteil: Nicht bekannt.
Nachteil: Nützt nix.

Der Antiautoritäre
Philosophie: Mit Nichts Kreativität fördern.
Vorteil: Keine Strafen.
Nachteil: Es wird irgendwann langweilig.

Der Fernsehstar
Philosophie: Es gibt nichts Wichtiges, außer mir selbst.
Vorteil: Nicht bekannt.
Nachteil: Es macht niemandem Spaß, außer ihm selbst natürlich.

Der Guru
Philosophie: Wer nicht an mich glaubt, verdient mich nicht.
Vorteil: Es bringt was ein.
Nachteil: Es macht niemandem Spaß. Die Gläubigen wirken immer etwas belämmert.

Der Laissez-faire-Erzieher
Philosophie: Egal.
Vorteil: Nützt nix.
Nachteil: Es macht niemandem Spaß.

Der Hochdekorierte
Philosophie: Ihr seid es kaum wert, dass ich euch unterrichte.
Vorteil: Es bringt was ein.
Nachteil: Das Geld ist rausgeworfen. Er kocht auch nur mit Wasser.

Der Bücherwurm
Philosophie: Was nicht in einem Buch steht, gibt es auch nicht.
Vorteil: Es bringt was ein.
Nachteil: Es macht niemandem Spaß. Die Gläubigen wirken immer etwas belämmert.

Die Ausstellungsexpertin
Philosophie: Schönheit ist das Einzige, was zählt. Wer nicht schön genug ist, fliegt raus.
Vorteil: Es bringt was ein.
Nachteil: Es macht niemandem Spaß. Meistens.

Zum Glück gibt es auch ganz normale Hundetrainerinnen und Trainer, die ihren eigenen Verstand gebrauchen.
Philosophie: Wer Spaß hat, lernt besser.
Vorteil: Es macht allen Spaß.
Nachteil: Nicht bekannt.

Training mit dem Clicker. Der Clicker ist ein Instrument, mit dem ein Lob ganz präzise eingesetzt werden kann. Auf den Click folgt eine Belohnung.

Hin und wieder, oder wenn der Hund etwas ganz besonders gut gemacht hat, gibt es anstelle der »normalen« Belohnung den sogenannten Jackpot.

Ein Preydummy soll dem Hund als Jagdbeute dienen.

Das Verfolgen des Dummys soll die Jagd suggerieren.

Aggressionsbewältigung mit Hilfe eines »Pappkameraden«.

Oft wird das erwünschte Ziel nur erreicht, weil der Proband sich vor Lachen kaum halten kann und darüber seine Wut vergisst.

Pädagogisch **U**nbedenkliches **P**rügel **S**ystem

Das System, das kein System ist.

Humoristische **U**mlenkung **N**atürlicher **D**enkweisen

Das System, das kein System sein möchte.

Manche Trainer geben ihren Methoden gern eigenartige Namen, die sie patentrechtlich schützen lassen. Allen scheint wichtig zu sein, ausdrücklich zu betonen, dass es sich bei der genannten Methode keineswegs um eine Methode bzw. ein System handelt.

Weltfremde **U**nterordnungs **F**rüh **F**örderung

Die Methode, die nie eine sein wird.

Lu-Ka-Ka

Lukrative **K**atastrophen **K**andidaten

Die Methode, die nie eine werden kann.

Problematisch ist, dass es keinerlei gesetzliche Anforderungen an die Qualifikation der Anbieter gibt. So kann jeder eine neue – mehr oder weniger wohlklingende – »Methode« erfinden und vermarkten.

Nachdem alles Für und Wider erwogen wurde, naht endlich der große Tag für den Hundeschüler. Oft wird er von einer aufwendigen Zeremonie begleitet.

Das Klassenfoto ist obligatorisch und später eine schöne Erinnerung.

Lob und Tadel

Der Leinenruck soll meistens Aufmerksamkeit wecken oder den Hund daran hindern, wegzulaufen.

In Wirklichkeit fügt man ihm nur Schmerzen zu. Wenn er wieder weglaufen will, wartet er, bis er keine Leine trägt.

Fußtritte und Schläge befriedigen nur das autoritäre Lustgefühl des Hundehalters.

Es ist grausam und nicht hundegerecht, den Hund zur Strafe für falsches Verhalten wegzusperren.

Teletakt, auch verniedlichend Reizstromgerät, Teleimpulsgerät oder Ferntrainer genannt. Die Anwendung nennt man auch nicht Strafe sondern Korrektur.

Zu häufige Bestrafung kann dazu führen, dass der Hund verzweifelt und hilflos wird und keinen Ausweg mehr weiß.

Wenn ein Hund etwas gut gemacht hat, sollte er gelobt werden. Manche Hundehalter glauben, dass es ausreicht, den Kopf zu tätscheln.

Vielen Hunden ist das natürlich zu wenig und sie fordern ausdrücklich mehr Motivation.

Alltag in der Schule

Die Verwendung einer Hundeleine hat praktische Gründe.

Es ist nicht schwierig, den Hund davon zu überzeugen, dass die Benutzung der Leine sinnvoll ist.

Die Leine schränkt auch nicht zwangsläufig ein. Zuweilen beflügelt sie sogar.

Eine Schleppleine ist extra lang und wird zur Ausbildung gebraucht, z. B. beim Antijagdtraining.

Apportieren kann fast jeder Hund lernen. Besonders Begabte bringen es zu wahrer Meisterschaft.

Ganz besonders Begabte neigen dazu, ihre »Beute« zu horten.

Es gibt auch Hunde, die geradezu verrückt aufs Apportieren sind und ihre Umwelt ständig mit Aufforderungen auf die Nerven gehen.

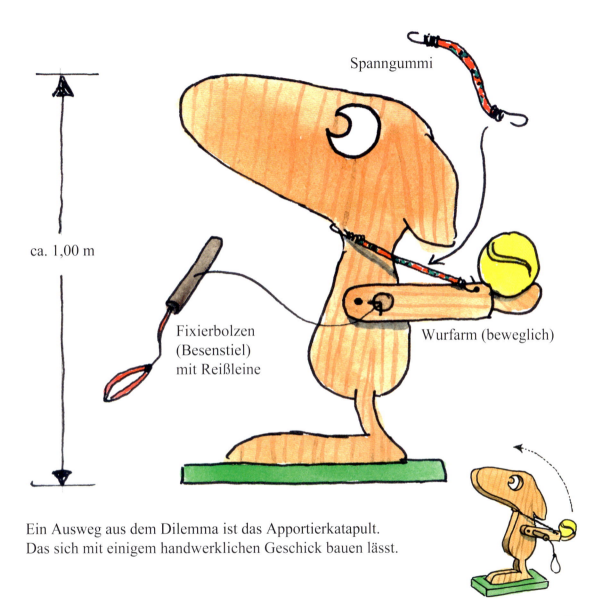

Ein Ausweg aus dem Dilemma ist das Apportierkatapult.
Das sich mit einigem handwerklichen Geschick bauen lässt.

Agility ist für die meisten Hunde geeignet.
Er trainiert damit unter anderem die Bekämpfung von Höhenangst ...

... Kraft und Schnelligkeit ...

... Sprungkraft ...

... Gleichgewichtssinn ...

... und Wendigkeit.

Am wichtigsten ist ausreichendes Training, damit es nicht zu Verletzungen führt.

Discdogging, auch Dog Frisbee genannt, bezeichnet eine Hundesportart mit einer Wurfscheibe. Durch unterschiedliche Varianten und das Einüben verschiedener Tricks kann der Sport individuell und auf Turnierebene betrieben werden.

Hierbei kommt es vor allem darauf an, ...

... blitzschnell zu reagieren.

Hunde mit Motivationsinsuffizienz gleichen ihre Unlust einfach durch Coolness aus.

Bei der Nasenarbeit müssen extra ausgelegte Duftmarken aufgespürt werden.

Die Duftmarke an der Laterne gehört nicht zur typischen Nasenarbeit, sondern dient mehr der hunde-internen Kommunikation.

Die Nase des Hundes ist hochempfindlich und versteht es ausgezeichnet, angenehme Gerüche von unangenehmen zu unterscheiden.

Manche Hundehalter halten es deshalb für nötig, der Nase hin und wieder eine Auszeit zu gönnen.

Treibball
Der Dribbelkönig arbeitet sich über das Spielfeld ... Setzt zum Angriff an ...

... gefährlicher Kopfball aus dem Hintergrund ...

Er legt sich den Ball zurecht ... Schuss ....

... und TOOOOOOR! ... TOOOOOOR! ... TOOOOOOR! Unhaltbar!

Beim Flyball kommt es darauf an, den Ball aus der Flyballmaschine möglichst schnell in der Luft zu packen und zurückzubringen.

Auch korrektes Verhalten im Straßenverkehr sollte intensiv geübt werden.

Rangordnung
Wenn einer den anderen als »über-sich-stehend« ansieht, gibt es keinerlei Probleme, weil die Rangordnung klar ist.

Anders sieht es aus, wenn sich zwei gleichwertige Rüden begegnen.

Meistens gibt es Imponiergehabe und Säbelrasseln.

»In-die-Augen-starren« wird als Bedrohung angesehen. Oft kommt es nicht zu einer Beißerei, sondern die Kontrahenten testen, wer es am längsten erträgt.

In der Regel gibt einer von beiden auf und räumt das Feld.

Der andere kann sich freuen, dass er weiterhin unangefochtener Herrscher ist. Bis zum nächsten Mal.

In der Hundeschule werden Hunde auf das Leben danach vorbereitet.

Auch »den Mond anheulen« will geübt sein.

Kommunikation
Manche »Hundeflüsterer« glauben ernsthaft, das Geheimnis der Hundesprache entschlüsselt zu haben.

Verantwortungsvolle Hundetrainer achten darauf, die Schüler nicht geistig zu überfordern.

Theoretischer Unterricht sollte unterhaltsam und interessant gestaltet werden, um die Aufmerksamkeit der Hundeschüler nicht zu ermüden.

In der Welpengruppe lernen junge Hunde von Anfang an, einander mit Respekt zu begegnen.

Hunde mit Migrationshintergrund haben zuweilen Gewohnheiten, die hierzulande Neid hervorrufen.

»In der Dose ist überhaupt kein Futter. Nur Zutaten.«

Manchen Hundschulen ist eine Hundepension angeschlossen. Es lohnt sich allerdings, die Verhältnisse vor Ort zu besichtigen und nicht nur auf Katalogversprechungen zu hören.

Zuweilen ist die Realität ernüchternd.

In der Hundeerziehung hat sich die Neigung eingebürgert, alles abzukürzen.

Ich wünsch mir einen Labbi,
wenn möglich mit BH.
HD darf er nicht haben,
sonst muß er zum TA

Wir warn in einer HuSchu,
die nahmen SHB
und Leinenruck und TT
das tat uns ziemlich weh.

Heut gehn wir auf den HuPla
und machen THS
mit Leckerchen und poMo,
denn das vermeidet Stress.

Nachmittags gibts AJT
– natürlich mit SL –
der HF geht zu Boden,
der Hund war viel zu schnell.

Am Abend frisst er TroFu,
darauf ist er ganz scharf.
Freitags gibt es DoFu
und Sonntags gibt es BARF.

Der Rotti und der Mali
sind super in UO.
Der Groeni und der DSH
die brauchen ein MO.

Mein Hovi und mein Dalmi,
die stehn auf C & T,
wenn einer mal erkältet ist,
gehn wir zum THP.

Der Neufi geht ins Wasser,
der Listi zeigt CS,
der JRT von meiner Frau
belästigt den RS.

Mein Schapie ist kein Listi,
er kennt die HVO.
Der BS und der OES
gehn nie aufs Hundeklo.

Ein RH ist mein Goldi,
er ist kein HSH.
Der TWH macht Aggi;
er kommt aus dem TH.

Fall jemand die Abkürzungen nicht versteht: Die Erklärungen stehen auf der letzten Seite.

Was man so trägt

Der bayerische Gebirgsschweißhund ist eher konservativ und tritt gern im landestypischen Trachtenjanker auf. Die rasselose Jugend lehnt Konventionen ab und gibt sich betont zwanglos.

Sogenannte Kampfhunde treten gern betont friedlich auf, um ihrem unverdient unfreundlichen Image wirksam zu begegnen. Der Border Collie bevorzugt den praktischen Aran Jumper aus Irland.

Original Pariser Chic. Für sie elegant – für ihn leger.

Für den Neufundländer bietet sich ein maritimes Outfit an. Der Bernhardiner kommt in schweizerischer Landestracht mit Bergrettungszubehör.

Nicht für die Schule, für das Leben lernen wir

Ich werde einmal ein berühmter Schlittenhund.
Dann werd ich den Nordpol neu entdecken.

Ich werde einmal ein Blindenhund.
Dann darf ich in jedes Lokal rein.

Ich werde einmal ein Wachhund und lass keinen durch. Ob's stürmt oder schneit und ich mir einen abfrier. Ich steh auf meinem Posten.

Ich werde Polizeihund und fange Räuber und Schwerverbrecher. Die kriegen dann Bewährung und ich kann sie noch mal fangen.

»Ich werde Jagdhund.«
»Du meinst wohl Yachthund.«

Ich geh zum Zoll und werde Drogenspürhund. Da kann ich der Welt einen wertvollen Dienst erweisen.

Beim sogenannten Trickdogging wird versucht, die natürlichen und verborgenen Talente des Hundes zu fördern.

Das Ziel ist ein Hund, der zur allgemeinen Unterhaltung beitragen kann. Auf die eine oder andere Weise.

Ausbildungsziel: Familienhund.

Filmhundecasting
Viele träumen von einer Karriere als Filmstar. Dabei ist es wichtig, nicht an unseriöse Filmleute zu geraten.

Erläuterung zum Gedicht Seite 107

Aggi	Agility	poMo	positive Motivation
AJT	Antijagdtraining	RH	Rettungshund
BARF	Biologisches Artgerechtes Rohes Futter	Rotti	Rottweiler
		RS	Riesenschnauzer
BC	Border Collie	Schapie	Schapendoes
BH	Begleithundeprüfung	SHB	Stachelhalsband
C&T	Click and Treat (Clickertraining)	SL	Schleppleine
		TA	Tierarzt
CS	Calming Signals	TH	Tierheim
Dalmi	Dalmatiner	THP	Tierheilpraktiker
DoFu	Dosenfutter	THS	Turnierhundesport
DSH	Deutscher Schäferhund	TroFu	Trockenfutter
Goldie	Golden Retriever	TT	Teletakt
Groeni	Groenendal	TWH	Tschechischer Wolfshund
HD	Hüftgelenksdysplasie	UO	Unterordnung
HF	Hundeführer		
Hovi	Hovawart		
HuPla	Hundeplatz		
HuSchu	Hundeschule		
HVO	Hundehaltungsverordnung		
JRT	Jack Russell Terrier		
Labbi	Labrador Retriever		
Listi	Listenhund		
Mali	Malinois		
MO	Motivationsobjekt		
Neufi	Neufundländer		
OES	Old English Sheepdog (Bobtail)		

Weitere Bücher von Heinz Grundel:

Grundels Hundekunde
ISBN: 978-3-938071-86-1
160 Seiten   14,90 €

Das verrückte Border Collie Buch
ISBN: 978-3-942335-23-2
144 Seiten   16,90 €

Der Struwwelköter
ISBN: 978-3-938071-58-8
32 Seiten   9,90 €

Fordern Sie jetzt unseren Katalog mit rund 300 weiteren Hundebüchern an unter:

Kynos Verlag Dr. Dieter Fleig GmbH
Konrad-Zuse-Straße 3
54552 Nerdlen/Daun
Tel.: 06592-957389-0
bestellung@kynos-verlag.de

www.kynos-verlag.de